AF234188

A MESSIEURS

A. BRISSAC ET BAUDOUIN,

Gérants de la Compagnie des Mines et Fonderies de Plomb et de cuivre d'Andalousie.

MESSIEURS,

Je viens d'accomplir la mission dont vous m'avez fait l'honneur de me charger. Je viens d'examiner avec attention les établissements de mines et de fonderies que vous possédez aux environs de Linarès, dans la province de Jaën, en Espagne ; je viens de faire un séjour de plus de six semaines dans cette localité.

Il me reste maintenant à vous communiquer le résultat de mes études et de mes observations. Vous attendez de moi :

1° Un exposé sommaire de l'état actuel de vos établissements et de vos travaux ;

2° Une indication du plan de travaux que vous devez suivre désormais, et un avis sur les mesures que vous devez prendre pour assurer leur bonne exécution et leur réussite, ainsi que pour arriver à une exploitation régulière et à un bon aménagement de votre richesse minérale ;

3° Enfin, un aperçu des résultats que vous pouvez attendre et des espérances auxquelles vous pouvez raisonnablement vous livrer, ainsi qu'une opinion motivée sur le degré de confiance que vous pouvez avoir dans l'avenir de votre entreprise.

Ce n'est point ici le lieu d'un mémoire scientifique sur la géologie et la minéralogie de la contrée de Linarès, ou sur les méthodes d'exploitation et les procédés métallurgiques en usage dans ce district de mines. Ce n'est point là d'ailleurs ce qui vous intéresse. Bien que possédant sur ces matières un vaste recueil de notes, je m'abstiendrai néanmoins d'entrer dans tous les détails qui tendraient à m'écarter du but de mon travail. Je me renfermerai scrupuleusement dans les limites du cadre que je viens de tracer, et j'espère que vous y trouverez la réponse à toutes les questions qui vous préoccupent essentiellement.

§ Ier.

État actuel des établissements et des travaux.

DE QUOI SE COMPOSE LA PROPRIÉTÉ DE LA SOCIÉTÉ DES MINES D'ANDALOUSIE A. BRISSAC ET Cᵉ.

Votre propriété de Linarès se compose de *pertinencias* ou concessions de mines sur plusieurs filons métallifères de ce district, puis d'une grande usine pour l'élaboration métallurgique des minerais de plomb et de cuivre ; enfin, d'un matériel assez considérable d'outils et de machines.

FILON DE LA CRUZ.

Vous possédez actuellement, sur le filon de la Cruz, **neuf** pertinencias, c'est-à-dire que le filon entier vous a été concédé sur une longueur en direction de 1,505 mètres. Vous êtes en instance auprès du gouvernement au sujet de trois nouvelles pertinencias dont la propriété vous a été contestée par des tiers et qui vous limitent au Sud. Enfin, vous avez la faculté de vous étendre au Nord, dans la région du filon qui n'est pas encore concédée. Le filon de la Cruz est, sans contredit, l'un des plus beaux filons du district de Linarès, l'un des mieux caractérisés et l'un des mieux connus. Sa direction est à peu près du Nord-Nord-Est au Sud-Sud-Ouest, et parallèle à celle de tous les autres filons du même groupe. Son inclinaison à l'Ouest, toujours très forte, se rapproche fréquemment de la verticale. Il est entièrement encaissé dans le granit et à quelques mètres de la surface du sol, il a traversé les couches de grès quartzeux qui recouvrent généralement cette roche. En plusieurs points, on remarque des affleurements puissants, composés de matières bréchiformes, fondues, quartzifères et ferrugineuses.

COURT HISTORIQUE DE L'EXPLOITATION DU FILON DE LA CRUZ.

La première exploitation du filon date d'une époque déjà reculée; on prétend que ce sont les Romains, puis les Arabes, qui ont travaillé anciennement à Linarès; plus tard, ce furent les colons d'Olavidès et les Espagnols.

Il serait bien intéressant de connaître assez exactement les diverses phases par où a passé cette exploitation du filon, depuis son origine, afin de pouvoir apprécier, ne fut-ce même qu'approximativement, la quantité de minerai de plomb que les anciens en ont extrait. Mais les documents nécessaires et les bases de ce travail nous manquent complètement. Nous voyons seulement que les anciens travaux ont fouillé toute la partie supérieure du filon sur une longueur en direction d'environ 4,000 mètres; de plus, en pénétrant dans l'intérieur, et, en parcourant ces anciens travaux dont la plupart sont encore praticables, nous rencontrons de nombreux puits et de nombreuses galeries, ainsi que d'immenses excavations non remblayées, s'étendant, presque sans discontinuité, à de grandes distances, suivant l'allongement du filon, et pénétrant généralement suivant son inclinaison, jusqu'à des profondeurs de 100 à 150 mètres au-dessous de la surface du sol. En outre, les haldes de déblais, extraits à la surface et amoncelés autour des anciens puits, sont relativement d'une très faible dimension. Nous pouvons donc, il me semble, conclure de ces considérations que le volume des matières utiles extraites a été considérable, ou, en d'autres termes, que l'exploitation des anciens a été très productive. La matière utile, exclusivement recherchée par les anciens dans le filon de la Cruz, était le minerai de plomb connu sous le nom de *galène*.

Dès l'année 1820, et après un long oubli, la mine de la Cruz attira de nouveau l'attention des mineurs à l'occasion de la découverte de riches minerais de cuivre parmi les haldes de déblais situées à l'orifice de plusieurs puits de la région septentrionale du filon. Après en avoir apprécié la valeur, on se mit activement à la recherche de ces minerais, et, pour cela, l'on ne tarda pas à rentrer dans les vieux travaux et à les fouiller même au-dessous de la limite des eaux, à l'aide d'un épuisement fait à bras d'hommes. Cette nouvelle exploitation fut commencée d'abord par de simples ouvriers mineurs du pays, puis reprise et organisée sur une assez grande échelle par M. le marquis de Remisa, dès l'année 1825. Mais, n'étant autre chose qu'un horrible système de pillage, elle ne pouvait présenter aucun avenir et devait nécessairement avoir bientôt une fin : en effet, après une période de dix-huit années, c'est-à-dire en 1838 ou 1839, les mineurs du marquis de Remisa durent se retirer vaincus par les éboulements et par les eaux. On continua cependant encore pendant quelques années à extraire d'assez notables quantités de minerais de cuivre et de plomb.

Le premier projet sérieux et bien entendu de reprise de travaux, fut conçu en 1845 par un ingénieur anglais, sir John Malachy, pour le compte d'une société anglo-espagnole.

La mort vint surprendre subitement Malachy au début de son entreprise, et de graves dissensions, survenues ensuite dans la direction et l'administration des affaires, firent chômer, puis, enfin, abandonner tous les travaux commencés. Le puits-maître qui avait été établi et avancé jusqu'à une profondeur verticale de 160 mètres, fut alors démonté; les pièces de bois qui en soutenaient les parois sur plusieurs points, furent enlevées par mégarde ou par malveillance, et il s'y produisit des éboulements qui le rendirent immédiatement impraticable.

C'est en 1848, et dans cet état de choses, que la Société des mines de Linarès J. Pourcet et Cᵉ, qui possédait déjà depuis deux ans environ l'usine de la Cruz, fit l'acquisition et obtint la cession des pertinencias dont l'ensemble constitue la mine de la Cruz. Entièrement dépourvue de moyens et de ressources, cette administration dût se borner à rentrer dans une partie des vieux travaux supposée encore riche, en plaçant à la hâte, au niveau de la galerie d'écoulement, une mauvaise petite machine à vapeur, et une pompe d'épuisement qui, en raison de sa faiblesse, n'aurait pas pu fonctionner de la surface. Ce travail donna lieu néanmoins à une petite exploitation de minerais de plomb et de cuivre.

Une année plus tard, en 1849, vous avez succédé, Messieurs, à la Société des mines de Linarès ; vous avez poursuivi les travaux qu'elle avait commencés, et vous en avez exécuté d'autres plus importants. Vous avez établi un nouveau puits qui part de la surface du sol et qui a atteint maintenant une profondeur verticale de 125 mètres, après avoir recoupé le filon dans les vieux travaux, à la profondeur d'environ 100 mètres. Vous avez poursuivi le fonçage d'un ancien puits, et vous avez exploré toute la partie inférieure des vieux travaux sur une distance de 100 mètres à peu près. Le résultat immédiat de ce travail a été de vous fournir une quantité notable de minerais de plomb et de cuivre. Il vous a prouvé, en outre, que les vieux travaux ne s'étendaient nulle part dans cette région au-delà de la profondeur atteinte par vos puits, et que la puissance du filon y avait été partout immense et bien réglée. Enfin, en un point, à 125 mètres de profondeur, et à la limite des vieux ouvrages, vous êtes entrés dans une veine du filon vierge qui s'est maintenue pendant quelque temps avec une puissance de 0,72 en galène massive, et dont l'exploitation sur 10 mètres en direction et sur 2 mètres de hauteur, vous a fourni à elle-seule 60,080 kilog. de plomb marchand, ce qui correspond, par conséquent, à une valeur du filon de 5,004 kilog. de plomb par mètre courant de 1 mètre de haut. — L'insuffisance seule de votre petite machine d'épuisement vous a empêché pour le moment de continuer vos travaux sur ce point.

En somme, Messieurs, vous avez sans doute déjà passablement travaillé, mais il vous reste beaucoup à faire, et vous êtes, à mon avis, encore bien loin d'avoir fait tout le nécessaire, même l'indispensable, pour atteindre votre but, qui est ici la mise en exploitation du filon de la Cruz, car il ne suffit pas pour cela d'avoir acquis la certitude de l'existence du filon vierge sous vos pieds.

ÉTAT ACTUEL DES TRAVAUX.

Afin de tâcher de vous faire connaître maintenant avec précision l'état actuel des choses dans l'intérieur de la mine, je mets sous vos yeux le croquis ci-joint, que je vous engage à étudier attentivement (voir le croquis n° 1); c'est un dessin d'ensemble de tous les travaux connus existants aujourd'hui sur le filon de la Cruz, dans la plus grande partie de son cours, et même au Nord et au Sud, en dehors des limites de votre propriété. J'ai exécuté ce travail, en combinant soigneusement les anciens plans levés par les ingénieurs espagnols avec les croquis tout récents qui m'ont été fournis par votre ingénieur, ainsi qu'avec les observations diverses que j'ai eu occasion de faire moi-même.

Vous le trouverez exact dans toutes ses parties essentielles, mais, d'un autre côté, je vous avertis que beaucoup de détails n'ont pu y être indiqués ou rapportés géométriquement en raison de la petitesse de l'échelle de proportion. Toutes les lignes à l'encre noire indiquent des travaux existants à la date de ce jour; les lignes coloriées en bleu et en rouge par contre, ont rapport aux nouveaux travaux projetés par moi pour la mise en exploitation du filon. Ce sont ces dernières dont vous aurez à suivre le développement et la disposition pour l'intelligence du texte de mon second paragraphe. Vous vous êtes placés à peu près au centre de l'ancienne mine de la Cruz, et sur la partie du filon où les travaux des anciens ont acquis le plus grand développement et ont atteint la plus grande profondeur. C'est là aussi le centre de la région éminemment cuprifère du filon de la Cruz, et, nulle part ailleurs, celui-ci ne paraît avoir eu de puissance plus forte ni d'allure plus régulière.

Vieux Travaux. — Galeries d'Écoulement.

En laissant de côté tous les vieux travaux qui n'ont pas d'importance directe pour l'avenir de l'exploitation, vous avez une galerie d'écoulement qui a son orifice sur le revers de la vallée voisine d'Alamillos, et qui, dirigée de l'Ouest à l'Est durant environ 250 mètres, entre dans le filon à peu de distance du puits dit *Barambio*, limite de votre propriété au Nord-Nord-Est. Cette galerie suit le filon au Sud-Sud-Ouest, sans discontinuité, sur une longueur de 700 mètres; au-delà d'*Arrastre*, des éboulements l'ont rendue impraticable, mais elle pourrait aisément être rétablie, ou même, au besoin, être poussée plus loin. Dans toute cette partie du filon, elle passe de 75 à 78 mètres au-dessous de la surface du sol.

Une seconde galerie d'écoulement a été commencée à partir du fond de la vallée d'Alamillos, et poussée également de l'Ouest à l'Est sur une longueur de 50 mètres; elle devait avoir environ 400 mètres avant de pouvoir atteindre le filon, et rachèterait dans ce dernier un niveau de 150 à 160 mètres. On prétend que ce travail a été entrepris par des mineurs allemands faisant probablement partie des colons d'Olavides, et, quoiqu'il en soit, j'en parle ici comme d'une indication pouvant être utile.

Puits Santa-Maria.

Le puits *Santa-Maria* est situé sur le plateau, à 525 mètres de distance horizontale au Sud-Sud-Ouest du puits de Barrambio. Il a été foncé verticalement avec une section de 2 ^{m} 60 sur 1 ^{m} 50, depuis la surface du sol jusqu'au cinquième niveau, c'est-à-dire qu'il a atteint la profondeur de 125 mètres. Il tombe exactement dans l'axe de la galerie d'écoulement, et à la profondeur de 100 mètres, il a recoupé le filon dans les vieux travaux. Ce puits servira à la fois pour l'extraction du minerai et pour l'épuisement des eaux dans ce quartier de la mine. A son orifice, vous avez commencé, et déjà même fort avancé, l'installation et la pose d'une machine à vapeur qui fonctionnera dans d'assez bonnes conditions pour ce double usage.

Puits San Juan de Dios.

A 155 mètres au Sud-Sud-Ouest du puits Santa-Maria, se trouve situé l'orifice du puits nommé *San Juan de Dios*, qui descend verticalement de la surface du sol jusqu'à la profondeur de 75 mètres au niveau de la galerie d'écoulement. Le puits inférieur San Juan de Dios ne se trouve pas dans la même verticale que le puits supérieur; il est placé exactement sur le filon à 5 mètres à l'Ouest et à 0 ^{m} 80 plus au Sud, d'axe en axe. Il a atteint la profondeur de 50 mètres au-dessous du niveau du Stollen. Une petite machine à vapeur donnant le mouvement à deux corps de pompe de 0 ^{m} 14 de diamètre, est placée dans une chambre à l'orifice du second puits. C'est à l'aide de ce système qu'on a réalisé et maintenu jusqu'à aujourd'hui l'épuisement de la mine.

La Madera Baja.

Le chantier de la *Madera Baja*, ainsi que la traverse qui a recoupé une veine si productive du filon vierge immédiatement au-dessous des vieux ouvrages, sont tous les deux situés au cinquième niveau, dans le bas de ce puits inférieur San Juan de Dios.

Puits San Antonio.

Le puits *San Antonio* est à la distance de 275 mètres au Sud-Sud-Ouest du puits San Juan de Dios. Je ne l'ai pas parcouru moi-même, mais, d'après de nombreux renseignements qui coïncident avec les données fournies par les anciens plans, ce puits serait placé en terrain solide et atteindrait le cinquième niveau en quatre escaliers très peu distants les uns des autres.

Puits des Anglais.

Le puits connu généralement sous le nom de *Puits des Anglais*, est celui qui fut foncé et installé en 1844 par l'ingénieur sir John Malachy. Son orifice est situé à la distance de 59^m au Sud-Sud-Ouest de l'orifice du puits extérieur San Antonio; il possède une section horizontale de 5^m 20 sur 1 ^{m} 60, et il atteint à une profondeur verticale de 158 mètres, c'est-à-dire qu'il dépasse le sixième niveau et se trouve être par conséquent le puits le plus profond qui ait été établi sur le filon de la Cruz. Les gens qui ont assisté à la démolition de ce puits prétendent qu'il s'est éboulé alors complètement en deux endroits, qu'il est aujourd'hui tout-à-fait impraticable, et ils pensent qu'il serait même d'une réparation fort difficile, fort dangereuse et fort coûteuse. Je ne sais exactement à quoi m'en tenir relativement à ces assertions, qu'il ne m'a, pour le moment, pas été possible de vérifier moi-même. Je me borne à appeler sur cette question la sollicitude et l'attention de ceux qui auront à diriger les travaux de reprise de la mine de la Cruz.

DISTANCE COMPRISE ENTRE LE PUITS DES ANGLAIS ET LA VENGANZA.

A partir du puits des Anglais, jusqu'à la limite de la *Venganza*, qui est la dernière pertinencia incluse dans votre propriété, du côté du Sud-Sud-Ouest, vous possédez sur le cours du filon une distance de 820 mètres. Dans cet espace, il existe plusieurs puits qui communiquent avec les travaux du premier et du deuxième niveau; mais il ne paraît pas que les anciens aient dépassé ni même atteint là nulle part le niveau de la troisième galerie.

PERTINENCIAS DE LA UNION.

Les pertinencias de la *Union* pour la propriété définitive desquelles vous êtes en instance, sont placées à la suite de la *Venganza*, et sont limitées au Sud-Sud-Ouest par les pertinencias de la compagnie anglaise du *Pozo-Ancho*.

POZO-ANCHO.

Les travaux du *Pozo-Ancho*, repris dans l'année 1849-1850, au deuxième et au troisième niveau où ils avaient été abandonnés par les anciens et par M. le marquis de Remisa, ont atteint maintenant en plusieurs points le quatrième niveau, et fournissent déjà, depuis plusieurs mois, une extraction régulière et journalière de 15 à 16 tonnes de minerai de plomb.

QUANTITÉ ET NATURE DES MATIÈRES MÉTALLIQUES FOURNIES PAR LE FILON DE LA CRUZ.

Comme étude et comme appréciation de la nature et de la richesse des matières métalliques fournies par le filon de la Cruz, c'est ici le lieu de vous exposer les chiffres qu'il m'a été possible de rassembler sur les résultats des exploitations suivies d'abord par le marquis de Remisa, puis par la société des mines de Linarès, et enfin, dans ces deux dernières années, par votre société des mines d'Andalousie. Ces renseignements proviennent de relevés faits avec soin sur les livres de comptabilité des exploitations; et sur les registres des déclarations faites à l'inspection des mines du district.

1° *Exploitation du marquis de Remisa, depuis l'année 1828 à l'année 1846* :

Il a été extrait :

Minerai de plomb en gros fragments de galène massive, 50,74 tonnes métriques.

Remolidos, ou gros schlich de galène, du cassage, triage, et du criblage à la cuve (en partie), 4,842 tonnes 82.

Minerai de plomb carbonaté, 446 tonnes 10.

Ce qui, pour les minerais de plomb, forme un total de 10,062, 92 tonnes métriques.

Minerais de cuivre, 8,876 tonnes 448.

Il a été vendu en nature :

Galène massive de première qualité, ou alcool, 586 tonnes 76.

Il a été fondu :

Minerai de plomb de toute qualité, 9,676 tonnes 16.

Et il a été produit, d'après le tableau des ventes :

Plomb marchand, 4,828 tonnes 058.

Ainsi, le rendement du minerai de plomb aurait été moyennement et en chiffres ronds de 50 0/0

Il a été vendu à l'état de cuivre affiné, 498 tonnes 517.

Il a été vendu à l'état de cuivre noir, 974 tonnes 138.

Le cuivre noir, donnant moyennement à l'affinage un déchet de 25 0/0, on peut admettre que les 974 tonnes 138 de cuivre noir correspondent à 750 tonnes 604 de cuivre affiné.

La production totale en cuivre rouge affiné peut donc être évaluée à 1,229,124 tonnes métriques, et, par suite, le rendement moyen des minerais de cuivre, à 15, 8 0/0, ou, en chiffres ronds, à 14 0/0.

2° *Exploitation de la société des mines de Linarès en 1848 :*

Il a été extrait :

Minerai de plomb de première qualité.   132 tonnes 350.

Remolidos, ou gros schlich de galène, et carbonates,   11   —   »

                Total des minerais de plomb, 143 tonnes 350.

Minerais de cuivre, 75 tonnes 670.

On a obtenu :

Plomb marchand, 77 tonnes 340.

Cuivre rouge affiné, 21 tonnes 500.

Le rendement des minerais de plomb aurait donc été en moyenne de 58 0/0.

Quant aux minerais de cuivre, il faut observer qu'on a fondu également :

84 tonnes de terres cuivreuses vitrioliques, recueillies dans les vieux travaux et sur les haldes,

Et 856 tonnes de scories antiques de cuivre, qui entrent dans la production totale du cuivre de cette année pour 12 tonnes 180. Il n'y aurait donc que 9 tonnes 320 de cuivre provenant des minerais proprement dits, ce qui porte leur rendement moyen à 12 0/0, 3.

3° *Exploitation de la société des mines d'Andalousie A. Brissac et C*ᵉ :

Depuis le 1ᵉʳ mai 1849 au 1ᵉʳ janvier 1852, il a été extrait :

Minerai de plomb de toute qualité, 667 tonnes 770.

Il a été vendu comme alquifoux .

Galène pure massive, 20 tonnes 565.

Il a été fondu :

Minerai de plomb, 647 tonnes 217,

Et il a été produit :

Plomb marchand, 384 tonnes 215.

Le rendement moyen des minerais de plomb, soumis à la fusion dans cette période, aurait donc été de 59 0/0.

Il a été extrait de la mine, et il a été fondu à l'usine :

Minerais de cuivre de toute nature, 178 tonnes 356,

Qui ont produit :

Cuivre rouge affiné, 22 tonnes 961.

Le rendement moyen des minerais de cuivre soumis à la fusion a donc été de 12 0/0, 9.

Je ne possède pas les chiffres officiels relatifs à l'exploitation suivie sur les pertinencias septentrionales du filon de la Cruz, par la compagnie anglo-espagnole.

En 1844, à l'époque où sir John Malachy prit la direction des travaux, on fondait mensuellement à l'usine du Tercero, appartenant à cette compagnie :

Minerai de plomb, 83 tonnes,

Et minerai de cuivre, 72 tonnes,

Qui produisaient :

Plomb marchand, 45 tonnes.

Cuivre affiné, 12 tonnes.

Le rendement des minerais de plomb était donc moyennement ici de 54 0/0, et celui des minerais de cuivre, de 16 1/2 0/0.

D'après ces renseignements, il nous est permis de dire que les matières utiles fournies par l'exploitation du filon de la Cruz, sont :

Des minerais de plomb dont le mélange préparé et fondu suivant la mode du pays, donne un rendement de 50 à 60 0/0;

Et des minerais de cuivre dont le mélange préparé et fondu suivant la mode du pays, donne un rendement de 12 à 16 0/0.

RENSEIGNEMENTS MINÉRALOGIQUES PLUS DÉTAILLÉS SUR LE FILON DE LA CRUZ.

Avant de quitter cette question, et à titre de renseignements intéressants et utiles, j'ajouterai encore quelques détails.

Les substances métalliques renfermées dans le filon de la Cruz, sont : de la galène à grandes facettes, de la galène grenue, du carbonate de plomb, du sulfate de plomb, de la blende ou sulfure de zinc, de la pyrite de fer, des pyrites cuivreuses très variées et associées en proportions très variables avec de la pyrite de fer, du cuivre pyriteux pur, des carbonates de cuivre verts ou bleus, des hydrosilicates de cuivre, du sulfure noir de cuivre, de l'oxide noir de cuivre, enfin du cuivre oxidulé pur ou presque pur, et souvent associé à du carbonate, et quelquefois à du cuivre natif.

Les gangues sont du quartz, du fer oxidé hydratié quartzeux, des terres argileuses et ocreuses, de l'hématite brune, du fer spathique, du carbonate de chaux, de la dolomie et très rarement du sulfate de baryte. C'est le fer spathique qui paraît avoir servi de principal véhicule aux minerais de plomb et de cuivre ; souvent même il remplit à lui seul la plus grande partie et quelquefois la totalité du filon.

DISTRIBUTION DES DIVERSES MATIÈRES SUIVANT LE COURS DU FILON.

En suivant l'allongement du filon ces diverses matières y paraissent classées comme suit : tout-à-fait au Nord, sur la colline nommée *Cerro de Paño y Pico*, et depuis la limite du filon reconnue par des travaux jusqu'au ravin de Barrambio, c'est-à-dire sur un espace de 700 mètres, il y a même dans la profondeur une prédominance très marquée des matières ferrugineuses oxidées.

De Barrambio à Santa-Maria, c'est-à-dire sur un espace de 325 mètres, abondance des matières oxidées ferrugineuses, prédominance presqu'esclusive des minerais de cuivre à l'état de sulfures et de pyrites dans les quartiers de *La Cruz, de la Trinidad, de San-Ramon, de San-Lucas, et de Santa-Inès.*

De Santa-Maria à Sañ-Juan de Dios c'est-à-dire sur un espace de 155 mètres, abondance des minerais de cuivre à l'état d'oxydule rouge, de carbonates et d'hydrosilicates ; abondance de galène à grandes facettes, et de galène à grain fin ; amas de carbonate de plomb et généralement grande puissance du filon.

De San-Juan de Dios à San-Antonio, c'est-à-dire sur un espace de 275 mètres, mélange de minerais de plomb et de cuivre, diminution des matières ferrugineuses oxidées ; abondance de fer carbonaté spatique.

A partir de San-Antonio jusqu'à la limite sud-sud-ouest du filon connu, c'est-à-dire sur un espace de plus de 2,400 mètres, disparition complète des minerais de cuivre, puis des matières ferrugineuses oxidées, diminution progressive du carbonate de fer et du carbonate de plomb ; abondance plus ou moins grande, de la galène.

DISTRIBUTION DES MATIÈRES SUIVANT LA PROFONDEUR DU FILON.

Dans le sens de l'inclinaison et de la profondeur du filon on a trouvé en général, que les matières étaient disposées dans l'ordre suivant : aux effleurements des poudingues bréchiformes quartzeux et ferrugineux des oxides de fer à différents états d'aggrégation, puis quelques minerais de plomb et de cuivre, surtout des carbonates de ce dernier métal disséminés dans les oxydes de fer. Un peu plus bas, on a rencontré les galènes massives et les rognons de carbonate de plomb, puis l'oxidule de cuivre accompagné des carbonates et des hydrosilicates de cuivre ; on a remarqué, enfin, l'apparition de la pyrite de cuivre isolée, ou plus ordinairement empâtée et disséminée dans les oxydes de fer. A un niveau inférieur, entre la troisième et la quatrième galeries, c'est-à-dire à partir d'une profondeur de 85 ou 90 mètres au-dessous de la surface du sol, la pyrite devient prédominante et l'oxide de fer se trouve peu à peu remplacé par de la pyrite de fer; les mélanges de pyrites de fer et de pyrite de cuivre, sont ici très fréquents. D'un autre côté, les oxydules et les carbonates de cuivre devenus rares, ont été remplacés en partie par du sulfure noir de cuivre et par du cuivre oxidé noir.

A Santa-Maria, au quatrième niveau, j'ai constaté dans le filon au toit des vieux ouvrages, l'existence de la pyrite de fer compacte et de la blende noire. Ce dernier fait est peut être un indice de l'avilissement des minerais de cuivre dans les grandes profondeurs du filon, mais il me paraît encore trop isolé pour qu'il soit permis d'en tirer des conséquences graves. La galène massive existe au cinquième niveau à San-Juan de Dios, et on la rencontre aussi à une profondeur un peu moindre dans les vieux travaux du quartier cuprifère de Santa Inès.

Le fer spathique paraît avoir existé à tous les niveaux, il est cependant beaucoup plus fréquent et plus abondant dans la profondeur, où, accompagné de chaux carbonatée et de dolomie, il paraît remplacer en partie les matières ferrugineuses oxidées si puissantes dans les niveaux supérieurs du filon.

POSITION DES MINERAIS DE CUIVRE DANS LE SENS DE L'ÉPAISSEUR DU FILON.

Les minerais de cuivre n'occuppent pas, dans l'épaisseur du filon, de position bien déterminée par rapport aux minerais de plomb. Généralement ils paraissent toutefois s'être concentrés de préférence vers le toit du filon, et c'est aussi de ce côté que les mineurs qui fouillent les vieux travaux ont l'habitude d'aller tout d'abord les rechercher.

NATURE DES MINERAIS A POZO-ANCHO.

Au Pozo-Ancho, le filon de La Cruz ne renferme que de la galène presque pure; le carbonate de plomb même y est très rare. Quoique peu développés encore, les travaux de la Société anglaise commencés dans l'année 1849 à 1850 fournissent déjà une extraction journalière de 12 à 16 tonnes de beau minerai. La richesse du filon en exploitation varie depuis 1 1/2 tonne, jusqu'à cinq et même six tonnes de plomb par mètre courant.

FILON D'ALAMILLOS.

Le filon *d'Alamillos* est entièrement encaissé dans le granit à 2,000 mètres environ du filon de La Cruz et parallèlement à sa direction.

VIEUX TRAVAUX. — GALERIES D'ÉCOULEMENT.

Reconnu également par d'anciens travaux sur une ligne de 4,000 mètres, il possède au reste, et sous tous les rapports, une grande analogie avec ce dernier filon. Les vieux travaux ont atteint en plusieurs points la profondeur de 75 mètres au-dessous de la surface, mais ne paraissent pas avoir dépassé nulle part ce niveau. La principale exploitation des anciens, était établie sur le versant de la vallée, et les deux grandes galeries de direction du premier et du deuxième niveau, débouchant au jour, servaient de galeries d'écoulement. L'orifice de la deuxième galerie, est situé tout à fait dans le fond de la vallée, au pied de la colline connue sous le nom de *Cerro de San Bartolome*; son prolongement rachèterait au Sud-Sud-Ouest, sous le plateau un niveau de 150 à 160 mètres.

PUITS SAN YAGO.

Un puits à large section, nommé San Yago a été foncé récemment sur le filon, jusqu'à une profondeur verticale de 65 mètres; ce travail pourrait être utile pour l'exploitation future de la mine.

NATURE DU FILON.

Le filon est essentiellement de galène, avec gangue d'oxide de fer, d'argiles ocreuses, de fer spathique, de carbonate de chaux et souvent de sulfate de Baryte. On y rencontre aussi le carbonate de plomb, quelquefois en masses importantes, et comme à La Cruz, il est possible d'y délimiter une région cuprifère qui est cependant beaucoup moins connue, et qui paraît être beaucoup moins importante et moins bien caractérisée que dans ce dernier filon.

NOMBRE DE PERTINENCIAS.

Vous possédez sur le cours du filon d'Alamillos quatre pertinencias c'est-à-dire une longueur de 672 mètres; votre propriété comprend toute la partie de la région septentrionale du filon où ont été reconnus des minerais de cuivre.

Vous pourriez aisément vous étendre au nord-nord-est, jusqu'à la limite du gîte reconnu, et au sud-sud-ouest, jusqu'à une assez grande distance.

EXPLOITATION EN ACTIVITÉ SUR LE FILON.

Tout récemment, un mineur de Linarès s'est établi de ce côté sur une partie de la région méridionale d'Alamillos, et immédiatement au-dessous des vieux travaux, à 32 mètres seulement de la surface du sol, il y a rencontré un beau filon de galène qui vaut, environ, quatre tonnes de plomb par mètre courant et dont il poursuit aujourd'hui activement l'exploitation.

FILON DEL COBRE.

Le filon dit *del Cobre* fait partie d'un système de fractures différent de celui des filons d'Alamillos et de La Cruz ainsi que des autres filons du district de Linarès, en général. Il est dirigé de l'est à l'ouest et situé sur le territoire de Baylen à une distance de 12 kilomètres environ de La Cruz.

ALLURE ET NATURE DU FILON.

Sa nature aussi est tout à fait différente, il a traversé le granit puis les grès, et les schistes de transition qui le recouvrent. Il est très irrégulier aux affleurements et se compose de masses de quartzites ferrugineux bréchiformes très durs et de masses de quartz carriés ferrugineux qui pénètrent dans le sol jusqu'à une assez grande profondeur.

VIEUX TRAVAUX.

A 25 mètres au-dessous du niveau du sol commencent à apparaître des pyrites et des carbonates de cuivre, disséminés dans un quarz carrié ferrugineux et dans une argile rougeâtre.

10 à 12 mètres plus bas, le filon est essentiellement composé de pyrites de fer avec des oxides de fer quarzeux; sa puissance totale varie de $0^m 60$ à $0^m 70$, et, dans sa partie centrale, on remarque une petite veine de pyrite cuivreuse bien caractérisée et de $0^m 12$ à $0^m 15$ d'épaisseur. Les gangues sont de quartz et de sulfate de baryte. A la profondeur de 42 mètres, où ont été arrêtés les plus anciens travaux de recherche dans le fond de la *Calderilla San Juan*, le filon possède, entre des salbandes bien distinctes, une puissance totale de 1 mètre, avec une épaisseur métallique réduite de $0^m 33$, et consistant plutôt en pyrite de cuivre qu'en pyrite de fer. On y rencontre aussi du cuivre sulfuré noir en petite quantité. Le croquis ci-joint (voyez le croquis II) suffira pour donner une idée générale de l'état actuel et de la disposition des travaux existants à la mine del Cobre.

TRAVAUX DE RECHERCHE.

Les travaux de recherche dans le filon ont été exécutés à l'aide des puits *San Isodoro* et *San Juan*, du puits intérieur *San Juan*, de la *Calderilla San Juan*, et des galeries de direction qui aboutissent à ces différents puits. Ces travaux ont servi à reconnaître jusqu'à un certain point la nature et l'allure du filon; ils n'ont pas pu être poussés plus loin, à cause de l'affluence excessive des eaux dans la Calderilla et de l'impossibilité de les maintenir sans des frais énormes, à l'aide de l'épuisement à bras organisé sur le puits intérieur San Juan.

PUITS SANTA-BARBARA.

Le puits *Santa-Barbara*, à la distance de 100 mètres environ, à l'Est du puits San Juan, est placé au toit du filon et à 16 mètres de la crête de l'affleurement; il a une section horizontale de $3^m 60$ sur $1^m 80$, et il a été foncé verticalement depuis la surface du sol jusqu'à la profondeur de 35 mètres. Une traverse, prise au fond de ce puits et du côté du Sud, a permis de constater l'existence du filon à une distance de 8 mètres de la paroi du puits; le filon était formé en ce point d'un mélange de pyrite de fer et de pyrite de cuivre. Je n'ai pas pu vérifier d'une manière directe l'exactitude de ce dernier fait.

Nombre de Pertinencias.

Vous possédez sur le filon del Cobre six pertinencias, c'est-à-dire que le filon entier vous appartient sur une longueur de 1,008 mètres.

Puits Santa-Inès.

L'une de ces pertinencias à l'Est, et à peu de distance de Santa-Barbara, renferme un puits nommé *Santa-Inès,* qui communique avec d'anciens travaux établis sur une veine de galène d'une grande puissance et d'une grande richesse. Dans l'état actuel des choses, il n'est pas possible de dire avec certitude si cette veine de galène appartient à la prolongation del Cobre, à un filon parallèle ou bien à un filon croiseur.

Filons et Mines d'Atalaya et de Santa-Margarita.

Vous possédez sur ces filons plusieurs pertinencias dont je ne connais pas bien exactement ni le nombre ni la situation. Je ne les citerai donc ici qu'en passant. Les filons sont en plomb et ont été exploités dans leur partie supérieure par des vieux travaux que je n'ai pas reconnus.

Usine de la Cruz. — Sa Position géographique. (Voyez les croquis III et IV.)

Votre usine de la Cruz est située sur le filon même de ce nom, à la hauteur de la concession dite la *Venganza,* et à 4 kilomètres environ au Nord de la ville de Linarès. La distance à Baylen, du côté de l'Ouest, est de 12 kilomètres; à Guarroman, du côté du Nord-Ouest, de 10 kilomètres; et à la Carolina, du côté du Nord, de 14 kilomètres. Ces trois dernières localités sont traversées par la grande route royale de Madrid à Séville et Cadix.'A une faible distance, au Sud-Ouest de Baylen, se trouve l'embranchement de la route de Madrid à Malaga, par Jaën et Granada.

Les chemins qui relient Linarès à la grande route sont dans un état détestable, mais permettent cependant aux charrettes à mules du pays de venir charger des métaux ou décharger des marchandises sur le carré même des usines métallurgiques du plateau.

La distance de l'usine de la Cruz :

 A Madrid est de 50 lieues d'Espagne.
 A Séville — 50   —
 A Cordoba, — 20   —
 A Malaga, — 55   —
 A Granada, — 17   —
 A Jaën, — 7   —

Sa distance :

 Du puits Santa-Maria est de 1,299 mètres.
 Du puits San-Juan de Dios, 1,164 mètres.
 Du puits San-Antonio, 889 mètres.
 Du puits dit des Anglais, 850 mètres.
 De l'usine anglaise du Pozo-Ancho, 1,000 mètres.
 Du puits San-Yago sur le filon d'Alamillos, 2,500 mètres.
 Du puits Santa-Barbara sur le filon del Cobre, 10,000 mètres.

Consistance de l'Usine. — De quoi elle se compose.

L'usine de la Cruz forme une vaste enceinte rectangulaire ayant environ 200 mètres de long sur 100 mètres de large, et entièrement fermée par des murs élevés ou par des bâtiments.

Elle comprend :

Deux grandes cours intérieures, — des ateliers de fonderie, — des halles à charbon, — un atelier de réparations d'outils et un atelier de mécanicien, — un atelier de menuiserie et de charpente, — de vastes magasins pour le matériel, pour les bois et pour les marchandises, —

des bureaux et un laboratoire de chimie, — enfin, des logements commodes et suffisants pour tous les principaux employés.

Les ateliers de fonderie renferment :

Un fourneau à reverbère andalou, pour le traitement des minerais de plomb sulfurés, — quatre fourneaux à manche de grande dimension, — un demi-haut fourneau, — un fourneau à reverbère hongrois à sole circulaire, et un fourneau à reverbère espagnol, tous deux servant pour l'affinage du cuivre noir, — enfin, plusieurs fourneaux, cases et aires, pour le grillage ou la calcination des minerais et des mattes de cuivre.

Une machine à vapeur à cylindre oscillant et de la force de dix chevaux fait mouvoir, à l'aide d'un balancier, le piston d'un cylindre soufflant en bois à double effet. L'eau nécessaire à l'alimentation de cette machine ainsi qu'aux autres besoins de l'établissement, est fournie par une pompe à manége installée sur un puits de mine très voisin, nommé *San-Leon*. — Outre cela, les abords de trois étangs situés aux portes de l'usine, sont disposés de manière à recevoir convenablement et à retenir les eaux pluviales. A l'ouest et au sud du mur d'enceinte de la fonderie, il existe de vastes terrains en pente pour la décharge commode et le dépôt des haldes de scories.

Les bâtiments de l'usine sont en général dans un état d'entretien satisfaisant; plusieurs d'entre eux cependant exigeraient des réparations. Dans l'état actuel, on pourrait aisément traiter annuellement à l'usine de la Cruz, environ 850 tonnes de minerai de plomb et 1,600 à 1,800 tonnes de minerai de cuivre.

MATÉRIAUX DE CONSTRUCTION. — LEUR PROVENANCE.

Les matériaux de construction, savoir : le grès pour la maçonnerie de pierre de taille, et pour la maçonnerie ordinaire, les terres argileuses pour la confection des briques ordinaires, se trouvent partout sur le plateau et à peu de distance de l'usine.

La chaux, le sable, le plâtre, viennent d'une distance de cinq à sept kilomètres.

Les briques réfractaires de première qualité viennent de la fabrique de la Cartaja à Triana, près Séville.

Les fers et aciers, tôles, etc., viennent généralement de Malaga; les fontes moulées également de Malaga ou de Séville.

Les bois de pin de construction et de charpente viennent des Sierras de Jaën, de Segura et de Cazorla.

FRAIS DE TRANSPORT DE L'USINE A DIVERSES LOCALITÉS ET VICE VERSA.

Les frais de transport de Séville à l'usine de La Cruz, et *vice versâ*, varient entre 91 fr. 58 c. et 103 fr. 15 c. par tonne métrique de 1000 kilog.; ils s'élèvent quelquefois à 114 fr. 48 c., ce qui est cependant une exception rare. De Malaga à La Cruz, et *vice versâ*, le prix est sensiblement le même, quoique la distance soit un peu moindre, mais les routes sont plus mauvaises et plus difficiles. Ces transports sont faits généralement sur de petites charettes du pays attelées de trois mules, et quelquefois sur des charettes d'une autre espèce attelées de deux bœufs.

De Madrid à La Cruz et *vice versâ*, le prix des transports est de 126 à 128 fr. par tonne métrique, mais peut varier beaucoup suivant les occasions.

Du puits Santa Maria à l'usine, le transport par ânes revient à 1 fr. 52 c. la tonne métrique.

Du puits San-Yago, d'Alamillos à l'usine, le transport par ânes revient à 2 fr. 65 c. la tonne métrique.

Du puits Santa-Barbara del Cobre à l'usine, le transport par ânes revient à 6 fr. 56 c. la tonne métrique.

PRIX DES MINERAIS DE PLOMB.

L'expérience du travail des mines du district de Linarès a prouvé depuis nombre d'années que le mineur réalise un bénéfice raisonnable en livrant ses minerais de plomb aux usines du plateau à raison de 68 fr. 68 c. la tonne métrique. Je dois faire remarquer, que cette exploita-

tion a lieu généralement dans de très mauvaises conditions, dans des travaux abîmés et irrégu-
liers, sans voies de transport intérieur et en extrayant à la surface les eaux et les minerais à
l'aide de mauvais tourniquets à bras placés sur les puits.

PRIX DES MINERAIS DE CUIVRE.

En raison de leur plus grande rareté et de la difficulté du triage, les minerais de cuivre sont
livrés à l'usine au prix de 91 fr. 58 c. la tonne métrique et avec des teneurs en métal de 8 à 15
pour 0/0. Pour les minerais de la mine del Cobre, le prix s'éleverait à 98 fr. 14 c., à cause des
frais de transport.

PRIX DES FAGOTS DE BRANCHAGES DITS BARDAS.

Les fagots de branchages *bardas*, sont employés presque exclusivement pour le traitement du
minerai de plomb au fourneau à réverbère. Ils sont livrés ordinairement à l'usine à l'entreprise,
par des fournisseurs spéciaux nommés *barderos*, au prix de 39 f. 47 à 42 f. 10 c. pour la quantité de fagots nécessaire à l'alimentation d'un fourneau à réverbère, durant 24 heures. Les fondeurs n'emploient la barda qu'après au moins 8 ou 10 jours de séchage en plein air, au grand soleil ; elle perd ainsi rapidement 30 pour 0/0 de son poids. On peut aussi acheter la barda au poids,
à raison de 6 fr. 50 la tonne, de suite après la coupe, ce qui porte le prix des 1000 kil. de barda
sèche à 9 fr. 28. — Quelquefois la barda est achetée et livrée à raison de 79 cent. la charge ;
celle-ci doit être alors de six fagots devant peser chacun au moins 18 kil. à l'état vert. Dans ce
cas, le prix maximum de revient de la barda verte s'élève à 7 fr. 11 la tonne.

PRIX DU BOIS DE CHENE VERT.

Le bois de chêne vert de belle qualité et débité en grosses bûches coûte, rendu à l'usine
11 fr. 58 la tonne métrique. Il est employé après une dessication à l'air libre de six mois à u
an, et pendant ce temps, il perd environ 25 pour 0/0 de son poids. La tonne métrique de b
de chêne sec revient donc à 15 fr. 44.

PRIX DU BOIS D'OLIVIER.

Le bois d'olivier se trouve à peu près dans les mêmes conditions d'achat, de dessication, et
de consommation et il revient au même prix que le bois de chêne.

PRIX DU CHARBON DE BOIS.

Le charbon de bois est généralement de bonne qualité ; c'est un mélange de charbon de bois
de chêne vert, d'olivier, de racines et de branchages de divers essences, avec une prédominence
très bien marquée de chêne vert. — Rendu à l'usine, son prix est de 45 fr. 79 c. la tonne métrique. Ce charbon fait beaucoup de déchet dans les halles et il faut éviter d'en faire de trop grands
approvisionnements.

On se sert quelquefois, pour l'usage exclusif de la forge, d'un charbon de bois d'essences ten
dres qui revient à l'usine au prix de 68 fr. 70 c. la tonne.

PRIX DE LA HOUILLE ET DU COKE.

La houille employée à La Cruz l'est exclusivement et dans certains cas seulement, pour le ser
vice de la forge. Elle est de provenance anglaise et revient à l'usine au prix de 165 fr. 15 la tonne.
On ne fait pas usage de coke qui reviendrait au prix de 185 fr. 15 c. la tonne. — La houille et le
coke que pourraient fournir les bassins houillers espagnols de Villa-Nueva del Rio, sur les bords
du Guadalquivir, et d'Espiel dans la Sierra Morena, reviendraient à La Cruz, au prix de 90 fr.
et de 120 fr. la tonne.

PRIX DE LA CHAUX.

La chaux revient à l'usine au prix de 1 fr. 25 c. l'hectolitre ; elle est de qualité médiocre.

PRIX DU PLATRE.

Le plâtre revient à l'usine au prix de 5 fr. 20 c. l'hectol. ; il est d'excellente qualité.

PRIX DU SABLE.

Le sable revient, à l'usine, au prix de 7 à 8 fr. la tonne métrique ; il est composé exclusivement de grains de quartz de couleur gris clair ou jaune isabelle. — Le sable ordinaire pour maçonnerie ne coûte que 1 fr. 80 à 2 fr.

PRIX DES BRIQUES-ADOBES.

Les briques connues sous le nom d'*adobes*, sont confectionnées à l'usine avec un mélange de terre argileuse rouge et de sable granitique. Elles sont séchées au soleil et servent dans cet état pour la construction de la poitrine des fourneaux à manche et de la voûte des fourneaux à réverbère à plomb. Leur prix est de 3 fr. le cent.

PRIX DES BRIQUES ORDINAIRES ET DES TUILES.

Les briques ordinaires cuites et les tuiles viennent de la fabrique de Linarès. Elles coûtent, à l'usine, de 5 à 6 fr. le cent, suivant les qualités et les dimensions.

Les briques réfractaires blanches de première qualité viennent de la fabrique de Séville. Elles coûtent, à La Cruz, 70 cent. la pièce et ne sont employées que pour la construction intérieure du fourneau d'affinage de cuivre.

PRIX DES BOIS DE CONSTRUCTION ET DE CHARPENTE.

Le prix des bois de construction et de charpente varie, à La Cruz, depuis 40 à 60 fr. le mètre cube.

PRIX DU FER.

Les fers de diverses qualités pour outils et machines coûtent, à La Cruz, de 618 à 734 fr. la tonne métrique.

PRIX DE L'ACIER.

Le prix des 100 kilog. d'acier varie, à La Cruz, de 229 à 258 fr.

PRIX DE LA FONTE MOULÉE.

La fonte moulée coûte, à Séville, 574 fr. la tonne mét., et revient à La Cruz au prix de 677 fr.

PRIX DE QUELQUES AUTRES OBJETS DE CONSOMMATION.

Clous de charpentier . . . . le kilog..	1 f.	60 c.
Poude de mine. . . . . —	2	60
Cordages. . . . . — . . . de 2 à	2	60
Cuir. . . . . —	2	60
Huile d'olive pour nourriture et éclairage. . . . —	1	10
Pain ordinaire. . . . . —	»	20
Viande de mouton. . . . . —	»	60
Fruits divers. . . . . —	»	20
Vin ordinaire. . . . . le litre	»	30
Eau-de-vie. . . . . —	»	60

Loyer d'une maison, par an, varie de 50 à 300 fr.

Loyer d'une paire de bœufs, charette et conducteur compris, par jour, varie de 5 à 6 fr.

Loyer d'une mule avec son conducteur, varie par jour de 2 fr. à 2 fr. 50 c.

Loyer d'un baudet avec son conducteur, varie par jour, de 1 fr. 60 c. à 2 fr.

Achat d'une paire de bœufs varie de 250 à 350 fr.

Achat d'une charrette ordinaire varie de 120 à 175 fr.

Achat d'une mule varie de 300 à 500 fr.

Achat d'un âne ou baudet varie de 30 à 120 fr.

Achat d'un cheval de sel varie de 500 à 1,500 fr.

PRIX DE LA MAIN-D'ŒUVRE.

Contre-maître mineur, 5 fr. 26 c. par jour.

Contre-maître fondeur, 5 fr. 26 c. par jour.

Maître affineur de cuivre, 5 fr. 26 c. par jour.

Ouvriers fondeurs, suivant les grades et les catégories, 1 fr. 58 c., 2 fr. 11 c. ou 2 fr. 68 c., par poste de huit heures, et souvent de six heures seulement.

Ajusteurs mécaniciens, de 5 à 7 fr. par jour.

Charpentiers et forgerons, de 2 fr. 63 c. à 5 fr. 26 c. par jour.

Ouvriers ordinaires et manœuvres, 1 fr. 58 c. par jour.

Jeunes gens de 14 a 18 ans, 1 fr. 05 c. par jour.

Filles et femmes, 80 c. par jour.

PRIX DE LA MAÇONNERIE.

Les maçonneries ordinaires à chaux et sable, assujéties à une épaisseur de 0 m 60, sont payées à raison de 5 fr. 71 c. le mètre carré. Les pierres d'appareil sont payées à raison de 1 fr. 06 c. et jusqu'à 2 fr. 12 c. la pièce, taille et pose comprises.

PRIX DU CREUSEMENT DES PUITS.

Le prix du creusement des puits de mine varie de 157 à 316 fr. par mètre courant, dans les conditions les plus ordinaires, et l'on peut avancer de 4 à 5 mètres par mois.

PRIX DE L'ALLONGEMENT DES GALERIES.

L'allongement des galeries coûte également de 62 à 95 fr. par mètre courant; il est des cas où ce prix n'est que de 31 fr.

TRAITEMENT MÉTALLURGIQUE DES MINERAIS DE PLOMB.

Les minerais de plomb sont étendus uniformément sur la tôle d'un fourneau à réverbère d'une construction particulière, et ils y sont soumis à une série de brassages et de coups de feu alternatifs. Le poids d'une charge ordinaire de minerai est de 689 kilogrammes ; son élaboration dure six heures, et occupe continuellement trois ouvriers. On obtient moyennement de chaque charge 316 kilog. de plomb marchand, nommé *plomb de première fusion* ou *plomb n° 1*; puis une certaine quantité de crasses et de scories encore très riches en plomb. Ces crasses et ces scories sont refondues dans un fourneau à manche avec du charbon de bois, et produisent du plomb marchand nommé *plomb de seconde fusion* ou *plomb n° 2*, puis des scories plombeuses pauvres qui sont rejetées à la halde.

PRIX DE REVIENT DE 1,000 KILOGRAMMES DE PLOMB MARCHAND N° 1.

Pour obtenir à la Cruz, de cette manière, 1,000 kilog. de *plomb marchand n° 1*, on consomme

Minerai de plomb, 2,182 kilos à 68 fr. 68 c les 1,000 kilog.	149 fr.	86 c.
Combustible (barda)	31	32
Main-d'œuvre	14	74
Entretien des outils et du fourneau	4	21
Total	200	15

PRIX DE REVIENT DE 1,000 KILOGRAMMES DE PLOMB MARCHAND N° 2.

Pour obtenir 1,000 kilogrammes de *plomb marchand n° 2*, on consomme :

Crasses et scories riches du traitement au fourneau à réverbère, 5,500 kilog., dont valeur pour mémoire	»	»
Charbon de bois (1,167 kilog.)	55	45
Main-d'œuvre	12	37
Machine soufflante	10	27
Entretien des outils et du fourneau	5	50
Total	79	59

RAPPORT ENTRE LE PRODUIT EN PLOMB N° 1 ET LE PRODUIT EN PLOMB N° 2.

Une production de 1,000 kilog. de plomb marchand n° 1 correspond en moyenne et en chiffre rond à une production de 208 kilog. plomb marchand n° 2.

PRIX DE VENTE DES PLOMBS.

En décembre 1851, les plombs pris sur place étaient tenus fermes aux usines du plateau de Linarès :

La tonne métrique de plomb marchand n° 1, au prix de 274 fr. 74 c.

La tonne métrique de plomb marchand n° 2, au prix de 228 fr. 95 c.

Teneur en argent des Plombs, et valeur qu'on lui attribue.

Tous les plombs du district de Linarès sont un peu argentifères, en général, et, lorsque leur teneur dépasse une demi-once d'argent par quintal, poids de Castille (ce qui correspond à 31 grammes 250 d'argent par 100 kilog. de plomb), les acheteurs tiennent compte de ce métal aux fabricants à raison de 22 1/2 réaux de vellon l'once de teneur en sus de la demi-once, soit à raison de 0 fr. 205 par gramme de teneur, en sus de 31 grammes 250.

Or, les plombs de première fusion obtenus à la Cruz avec les minerais de la région septentrionale du filon dans les niveaux inférieurs, possèdent d'après mes essais des teneurs en argent variables depuis 52 grammes à 76 grammes d'argent aux 100 kilogrammes de plomb. En nous fixant aujourd'hui seulement à la teneur limite inférieure de 52 grammes, la valeur à payer pour l'argent par l'acheteur s'élève à 42 fr. 54 c. par tonne métrique de plomb de première fusion.

Les plombs de seconde fusion, c'est-à-dire ceux obtenus au fourneau à manche par la fonte des crasses et scories du traitement au four à réverbère, n'auraient pas en moyenne une teneur en argent supérieure à 30 grammes d'argent par 100 kilog. de plomb; la valeur représentée par l'argent dans ces plombs se trouve par conséquent être nulle pour le fabricant.

Valeur des Plombs de l'Usine de la Cruz.

Le plomb marchand vaut donc à l'usine de la Cruz :

Plomb n° 1, 517 fr. 28 c. la tonne métrique.

Plomb n° 2, 228 fr. 95 c.   —

Traitement métallurgique des Minerais de cuivre.

J'ai déjà dit précédemment que le minerai de cuivre fourni par l'exploitation des niveaux inférieurs de la région septentrionale du filon de la Cruz, se composait essentiellement de cuivre pyriteux, de cuivre sulfuré noir et de pyrites de fer plus ou moins cuivreuses, souvent mélangées ou accompagnées de galène et d'une petite quantité de blende noire. A l'aide d'un simple triage et cassage à la main, ils sont amenés à une teneur en cuivre de 12 0/0.

Les gangues de tous ces minerais constituent d'ailleurs un mélange éminemment fusible, sans qu'il soit nécessaire d'y faire aucune addition artificielle de bases ou de silice. — Le traitement métallurgique du minerai se compose de cinq opérations principales, qui sont :

Le grillage du minerai, — la fonte pour matte du minerai grillé, — le grillage de la matte obtenue dans l'opération précédente, — la fonte pour cuivre noir de la matte grillée, — l'affinage du cuivre noir.

Le grillage du minerai est opéré ordinairement en grands tas à l'air libre ou entre trois murs, et quelquefois aussi dans des fourneaux de calcination disposés pour cet usage.

La fonte pour matte du minerai grillé est faite avec du charbon de bois dans de grands fourneaux à manche alimentés d'air par la machine soufflante.

Le grillage de la matte est opéré en tas à l'air libre ou bien entre trois murs, et, plus fréquemment encore, dans des fourneaux de calcination. La matte grillée est fondue pour cuivre au fourneau à manche. — On affine le cuivre noir dans un grand fourneau rond à réverbère, chauffé avec du bois de chêne vert, et du genre de ceux connus sous le nom de Spleissosen.

Prix de revient de 1,000 kilogrammes de Cuivre rouge affiné.

Pour obtenir 1,000 kilogrammes de cuivre rouge affiné, on consomme dans les diverses opérations du traitement métallurgique :

Minerai de cuivre à 12 0/0 de teneur, 8,792 kilog.	805 fr. 17 c.
Bois de chêne vert.	41 04
Charbon de bois..	176 65
A reporter.	1022 fr. 86 c.

Report.. . . . . . . 1022 fr. 86 c.

Matériaux divers, outils, entretien et réparation des fourneaux.   51   49

Main-d'œuvre.   75   41

Machine soufflante (frais de).   56   12

Total pour 1,000 kilog. de cuivre rouge affiné 1165   88

QUALITÉ DU CUIVRE ROUGE DE L'USINE DE LA CRUZ. — SA VALEUR, SON PRIX DE VENTE, SES DÉBOUCHÉS.

Le cuivre rouge fabriqué à la Cruz est d'excellente qualité. Il est très recherché dans le pays pour tous les ouvrages de chaudronnerie, et il est habituellement débité à l'usine au prix fort élevé de 2,518 fr. 42 c. la tonne métrique (110 réaux de Vellon l'Arrobba, poids de Castille), et quelquefois même un peu plus cher. Mais ce débouché est fort restreint et fort irrégulier, la quantité de métal qu'il est possible d'écouler aujourd'hui de cette manière pour la consommation intérieure, s'élevant annuellement tout au plus à 15 ou 20 tonnes.

Sur les places de Séville et de Malaga, le cuivre rouge de la Cruz peut être vendu couramment au prix de 2,289 fr. 47 c. la tonne métrique (100 réaux de Vellon l'Arroba, Castille), et suivant les occasions, il pourrait même trouver des placements assez fréquents et assez importants au prix de 2,404 fr. la tonne.

Dans les entrepôts de Marseille, Bordeaux, Londres ou Paris, il ferait aisément concurrence aux cuivres russes, suédois et anglais de première qualité, aux prix de 2,200 à 2,250 fr. la tonne.

MATÉRIEL D'OUTILS ET DE MACHINES.

Indépendamment des outils les plus indispensables à l'usage des ouvriers fondeurs, mineurs, forgerons, mécaniciens et charpentiers, vous possédez dans vos magasins, dans vos ateliers et sur vos chantiers, cinq machines à vapeur, savoir :

Une machine placée dans l'intérieur de l'usine pour le service de la soufflerie et de la force de 12 chevaux. Elle produit un effet utile de 6 à 8 chevaux ; marche à haute pression avec détente, avec ou sans condensation et peut donner de 15 à 25 coups de piston par minute. Cylindre à vapeur oscillant de 0^m 55 de diamètre intérieur et de 0^m 95 de longueur intérieure : rayon de la manivelle, 0^m 45 ; longueur de la chaudière cylindrique, 4^m 70 et diamètre, 0^m 96, avec deux bouilleurs cylindriques de 0^m 42 de diamètre. Transmission de mouvement au piston soufflant à l'aide d'un balancier en bois de 5^m 50 de long ; diamètre intérieur du cylindre soufflant à double effet, 1^m 70 ; course du piston soufflant 0^m 90. Le réservoir régulateur du vent se compose d'un cylindre en tôle de 2 mètres de diamètre sur 2^m 85 de hauteur et d'une galerie souterraine en maçonnerie ayant une section de 0^m 40 sur 0^m 80 et faisant conduite d'air aux fourneaux. On obtient l'air à une pression de mercure de 0^m 050 à 0^m 055. — La machine est montée sur une plaque de fondation et sur un bâtis en fonte. Le volant de la machine est en fonte et a 5^m 18 de diamètre. — La consommation en combustible, par 24 heures, varie de 1,000 à 1,500 kilogrammes de bois de chêne, suivant le nombre de fourneaux alimentés d'air.

Une machine à vapeur placée dans l'intérieur de la mine de La Cruz, a 75^m de profondeur au-dessous de la surface du sol et au niveau de la galerie d'écoulement. Cette machine a exécuté et maintenu l'épuisement de la mine, jusqu'à la profondeur de 125 mètres, niveau auquel sont parvenus les puits Santa-Maria et San-Juan-de-Dios. Elle produit un travail utile de six à huit chevaux en faisant mouvoir par un renvoi deux corps de pompe système Letestu, de 0^m 13 de diamètre et de 0^m 60 de course. Les colonnes ascensionnelles des pompes sont composées de tuyaux en forte tôle assemblés à brides et boulons et éprouvés pour une pression de 20 atmosphères. Diamètre intérieur du cylindre à vapeur, 0^m 29 et longueur intérieure, 0^m 95. Longueur de la chaudière cylindrique, 6 mètres, et diamètre, 1^m 20 ; sans bouilleurs. Le cylindre à vapeur est horizontal, il repose sur un bâtis en charpente ainsi que le volant et le système de transmission de mouvement. La machine marche à haute pression, sans condensation ni détente, en donnant de 12 à 15 coups de piston à la minute; sa consommation en combustible varie de 1,200 à 1,800 kilog. de bois en 24 heures.

Une machine à vapeur actuellement en montage à l'orifice du puits Santa-Maria, et destinée à pourvoir à l'épuisement de la mine et à l'extraction des minerais sur ce puits. Cette machine est placée horizontalement sur une plate-forme en fonte; l'arbre du volant porte un pignon engrenant d'un côté sur la roue dentée de l'arbre du tambour et de l'autre côté sur la roue dentée de l'arbre à manivelle commandant la bielle de la pompe.

Elle est neuve et de construction anglaise. Diamètre intérieur du cylindre à vapeur, 0^m 38, et longueur intérieure, 1^m 05; longueur de la bielle, 2^m 10; rayon de la manivelle, 0^m 42; rayon du pignon, 0^m 25; rayon des roues d'engrenage, 1^m 20; diamètre du volant en fonte, 4^m 15; diamètre du tambour, 2^m 96; il y a trois chaudières cylindriques éprouvées à 12 atmosphères, ayant chacune 6 mètres de long et 1^m 20 de diamètre.

La machine doit marcher à haute pression, sans détente ni condensation, en donnant 15 à 20 coups de piston à la minute ou même davantage suivant les besoins. On peut présumer que sa consommation journalière en combustible sera de 2,000 à 2,500 kilog. de bois de chêne.

Comme accessoire de cette machine, il existe deux câbles ronds en fil de fer de 150 mètres et deux molettes ou poulies de renvoi en fonte ayant un diamètre de 2 mètres.

La pompe d'épuisement se compose d'un corps de pompe en fonte alésé à l'intérieur, dans lequel se meut un piston plongeur de 0^m 30 de diamètre, à système soulevant et ayant une course de 1^m 50. Les colonnes aspiratoire et ascensionnelle se composent de tuyaux en forte tôle assemblés à brides et boulons. La maîtresse tige qui communique le mouvement au piston de la pompe se compose en entier, de tringles de fer de 10 mètres de long, ayant des diamètres de 0^m,060, 0^{m}055 et 0^{m}050.

Une machine à vapeur en tout pareille à la précédente, également neuve et de construction anglaise, mais ne possédant ni pompe, ni attirail d'épuisement. Cette machine est en magasin et entièrement démontée.

Enfin, la cinquième et dernière machine à vapeur est celle qui a servi au fonçage du puits Santa-Maria et qui, démontée en décembre 1850, se trouve aujourd'hui dans les magasins de l'usine. C'est une petite machine de la force de six chevaux, à cylindre horizontal, avec volant, pignon, engrenage et tambour, le tout monté sur un bâtis en fonte. Elle marche à haute pression sans détente ni condensation, et avec une consommation de 600 kilog. de bois de chêne par 24 heures. Diamètre intérieur du cylindre à vapeur, 0^m 24, et longueur intérieure, 0^m 67; longueur de la bielle est de 1^m 65; rayon de la manivelle, 0^m 27; rayon moyen du tambour, 0^m 48; rayon du pignon, 0^m 15; rayon de l'engrenage, 0^m 47; chaudière cylindrique de 5 mètres de longueur sur 0^m 60 de diamètre avec deux bouilleurs cylindriques de même longueur et de 0^m,30 de diamètre.

JUGEMENT PORTÉ SUR CE MATÉRIEL.

Quoique défectueux à mon avis, en plusieurs points et sous plusieurs rapports, je vous avoue cependant que votre matériel d'outils et de machines est suffisant à la rigueur, pour assurer provisoirement et même pendant plusieurs années encore, le service de vos travaux d'exploitation, ainsi que celui de vos travaux métallurgiques.

§ II.

Indication du plan de travaux à suivre désormais et des mesures à prendre pour en assurer la bonne exécution.

DISPOSITIONS GÉNÉRALES.

Voici là-dessus mon avis bien formel : Vous vous occuperez exclusivement de la mise en exploitation de votre mine de La Cruz et de la mise en exploitation de votre mine del Cobre. Les travaux nécessaires pour parvenir à ce double but seront entrepris simultanément sous le plus bref délai et seront poussés très vivement à l'aide de toutes les ressources et de tous les moyens convenables. Quant à vos concessions sur le filon d'Alamillos et sur d'autres filons, vous vous bornerez provisoirement à y faire le plus strict nécessaire pour la conservation de la propriété d'après les dispositions de la loi espagnole.

PROJET DE TRAVAUX POUR TROIS ANS.

Je vais maintenant vous exposer mon projet des travaux de mines pour *trois ans*, avec les dépenses présumées de ces travaux, en vous indiquant presque mois par mois, la distribution de tout ce que vous avez à faire. Et d'abord à la mine de La Cruz.

MINE DE LA CRUZ.

Du 1er janvier 1852 au 1er avril 1852. (*Voir le croquis I.*)

Achèvement de la pose de la machine à vapeur Santa-Maria et installation définitive du puits Santa-Maria, comme puits d'épuisement et puits d'extraction, en suivant à ce sujet les instructions données par moi sur les lieux.

Réparation de la galerie d'écoulement et établissement, au sol de cette galerie, d'un bon cana en bois dès Santa-Maria vers Barrambio.

Enlèvement de la petite machine d'épuisement placée au niveau du Stollen à San-Juan-de-Dios.

Redressement du puits San-Juan-de-Dios à partir du troisième niveau ; son appropriation comme comme puits d'extraction.

A 140 mètres environ au sud-sud-ouest du puits San-Juan-de-Dios et à environ 20 mètres de l'affleurement du côté du toit, placement d'un nouveau puits que je nommerai *San-Antonio-nuevo*, et commencement immédiat du fonçage de ce puits.

Le devis détaillé des travaux de cette période, trop long à insérer ici, s'élève à la somme de f50017, r.

Du 1er avril au 1er juillet 1852.

Épuisement complet des eaux à Santa-Maria et mise à sec du fond du puits et de tous les travaux adjacents au cinquième niveau.

Achèvement des travaux de redressement du puits San-Juan-de-Dios.

Fonçage du puits San-Antonio-nuevo.

Le devis s'élève à fr. 12,000.

Du 1er juillet au 1er octobre 1852.

Fonçage du puits Santa-Maria et fonçage du puits San-Antonio-Nuevo.

Le devis s'élève à fr. 15,000.

Du 1er octobre 1852 au 1er janvier 1853.

Fonçage du puits Santa-Maria. — Fonçage du puits San-Antonio-Nuevo. — Fonçage du puits San-Juan-de-Dios.

Établissement sur le puits San-Antonio-Nuevo d'un manége ou d'une petite machine à vapeur.

Le devis s'élève à fr. 20,000.

Du 1er janvier au 1er juillet 1853.

Fonçage du puits Santa-Maria, du sixième niveau au septième niveau. — Fonçage du puits San-Juan-de-Dios. — Fonçage du puits San-Antonio-Nuevo, du deuxième au troisième niveau.

Exécution à Santa-Maria de 70 mètres courant de galeries d'allongement dans le filon au sixième niveau, dont 35 mètres courant au nord et 35 mètres courant au sud du puits. — Exécution à San-Juan-de-Dios, de 35 mètres courant de galeries d'allongement dans le filon, au sixième niveau, au nord et au sud du puits.

Pose d'un manége sur le puits San-Juan-de-Dios.

Le devis s'élève à fr. 48,600.

Du 1er juillet 1853 au 1er janvier 1854.

Fonçage du puits Santa-Maria du septième niveau au huitième niveau. — Fonçage du puits San-Juan-de-Dios. — Fonçage du puits San-Antonio-Nuevo, du troisième au quatrième niveau.

Exécution de 70 mètres courant de galeries d'allongement dans le filon, au sixième niveau de Santa-Maria. — Exécution de 70 mètres courant de galeries d'allongement dans le filon, au septième niveau de Santa-Maria, au nord et au sud du puits. — Exécution de 70 mètres courant de galeries d'allongement dans le filon, au sixième niveau de San-Juan-de-Dios. — Exécution de 35 mètres courant de galeries d'allongement dans le filon, au sixième niveau de San-Juan-de-Dios. — Exécution de 35 mètres courant de galeries d'allongement dans le filon, au septième niveau de San-Juan-de-Dios.

Le devis s'élève à fr. 58,400.

Du 1er janvier au 1er juillet 1854.

Fonçage du puits Santa-Maria, du huitième niveau au neuvième niveau. — Fonçage du puits San-Juan-de-Dios. — Fonçage du puits San-Antonio-Nuevo, du quatrième au cinquième niveau.

Exécution de 35 mètres courant de galeries d'allongement dans le filon, au sixième niveau de Santa-Maria et au nord du puits. — Exécution de 70 mètres courant de galeries d'allongement dans le filon au septième niveau de Santa-Maria, au nord et au sud du puits. — Exécution de 70 mètres courant de galeries d'allongement dans le filon, au huitième niveau de Santa-Maria au nord et au sud du puits. — Exécution de 35 mètres courant de galeries d'allongement dans le filon, au sixième niveau de San-Juan-de-Dios, au sud du puits. — Exécution de 70 mètres courant de galeries d'allongement dans le filon, au septième niveau de San-Juan-de-Dios au nord et au sud du puits. — Exécution de 35 mètre courant de galeries d'allongement dans le filon, au huitième niveau de San-Juan-de-Dios, au nord et au sud du puits.

Réparation et appropriation comme puits d'extraction et d'aérage, jusqu'au cinquième niveau, soit du puits dit des Anglais, soit du puits San-Antonio-Viejo.

Le devis s'élève à fr. 76,800.

Du 1er juillet 1854 au 1er janvier 1855.

Fonçage du puits Santa-Maria, du neuvième au dixième niveau. — Fonçage du puits San-Juan-de-Dios jusqu'à 12 mètres au-dessous du neuvième niveau. — Fonçage du puits San-Antonio-Nuevo, du cinquième au sixième niveau.

Exécution de 35 mètres courant de galeries d'allongement dans le filon, au sixième niveau de Santa-Maria. — Exécution de 35 mètres courant de galeries d'allongement dans le filon, au septième niveau de Santa-Maria. — Exécution de 70 mètres courant de galeries d'allongement dans le filon, au huitième niveau de Santa-Maria. — Exécution de 70 mètres courant de galeries d'allongement dans le filon, au neuvième niveau de Santa-Maria. — Exécution de 35 mètres courant de galerie d'allongement dans le filon, au sixième niveau de San-Juan-de-Dios. — Exécution de 35 mètres courant de galeries d'allongement dans le filon, septième niveau de San-Juan-de-Dios. — Exécution de 70 mètres courant de galeries d'allongement dans le filon, au huitième niveau de San-Juan-de-Dios.

Pose d'une forte machine à vapeur sur le puits San-Antonio-Nuevo.

Le devis s'élève à fr. 135,000.

RÉSUMÉ.

Ainsi donc, le devis général des travaux préparatoires, à exécuter à la mine de la Cruz durant l'espace de trois ans, s'élèverait à la somme de 379,300 fr. qui se trouverait répartie comme suit :

Année 1852.... 62,500 fr. — Année 1853.... 107,000 fr. — Année 1854.... 209,800 fr.

MINE DEL COBRE.(Voyez le croquis N° II).

Du 1er janvier 1852 au 1er juillet 1852.

Pose d'un manège sur le puits Santa-Barbara, et assèchement du fond du puits à l'aide d'un

épuisement à la Benne. — Pose sur le puits Santa-Barbara de la machine à vapeur anglaise d'extraction et d'épuisement.

Fonçage du puits Santa-Barbara de la profondeur de 55 mètres à celle de 67 mètres.

Exécution dc 30 mètres courants de galeries d'allongement dans le filon, au deuxième niveau de
Santa-Barbara (55 ^{m} au-dessous de la surface du sol), dont 15 ^{m} à l'Ouest et 15 ^{m} à l'Est du puits.

Le devis s'élève à la somme de 28,150 fr.

Du 1er juillet 1852 au 1er janvier 1853.

Fonçage du puits Santa-Barbara jusqu'à la profondeur de 92 mètres.

Achèvement de la pose de la machine à vapeur sur le puits Santa-Barbara ; installation définitive du puits et des pompes.

Exécution de 70 mètres courant de galeries d'allongement dans le filon, au dduxième niveau de
Santa-Barbara, dont 55 ^{m} à l'Ouest et 55 ^{m} à l'Est du puits. — Exécution de 30 mètres courant
de galeries d'allongement dans le filon au troisième niveau du puits Santa-Barbara.

Le devis s'élève à fr. 38,575.

Du 1er janvier au 1er juillet 1853.

Fonçage du puits Santa-Barbara jusqu'à la profondeur du 117 mètres.

Exécution de 45 mètres courant de galeries d'allongement au deuxième niveau de Santa-Barbara, dont 35 mètres courant à l'est du puits et 10 mètres courant à l'ouest pour arriver au percement San-Juan. — Exécution de 70 mètres courant de galeries d'allongement au troisième niveau de Santa-Babara.—Exécution de 50 mètres courant de galeries d'allongement au quatrième
niveau de Santa-Barbara.

Fonçage du puits San-Juan, du premier au deuxième niveau. — Fonçage du puits Santa-Inès,
du premier au deuxième niveau.

Le devis s'élève à fr. 42,400.

Du 1er juillet 1853 au 1er janvier 1854.

Fonçage du puits Santa-Barbara jusqu'à la profondeur de 142 mètres. — Fonçage du puits San-
Juan du deuxième au troisième niveau.

Etablissement d'un manège sur Santa-Inès, et fonçage de ce puits du deuxième au troisième
niveau.

Exécution de 25 mètres courant de galeries d'allongement dans le filon, au deuxième niveau
de Santa-Barbara et à l'est dn puits pour arriver au percement Santa-Inès. —Exécution de 70 mètres de galeries d'allongement ou troisième niveau. — Exécution de 70 mètres courant au quatrième niveau. — Exécution de 50 mètres courant de galerie d'allongement au cinquième niveau
Santa-Barbara (à la profondeur de 150 mètres au-dessous de la surface du sol).

Le devis s'élève à fr. 60,150.

Du 1er janvier 1854 au 1er juillet 1854.

Fonçage du puits Santa-Barbara jusqu'à la profondeur de 167 mètres. — Fonçage du puits
San San-Juan du troisième niveau au quatrième niveau. — Fonçage du puits Santa-Inès, du troisième au quatrième niveau.

Exécution de 70 mètres courant de galeries d'allongement au troisième niveau. — Exécution
de 70 mètres courant de galeries d'allongement au quatrième niveau. — Exécution de 70 mètres
courant de galeries d'allongement au cinquième niveau. — Exécution de 50 mètres courant de
galeries d'allongement au sixième niveau Santa-Barbara.

Le devis s'élève à 61,435 fr.

Du 1er juillet 1854 au 1er janvier 1855.

Fonçage du puits Santa-Barbara jusqu'à la profondeur de 192 mètres. — Fonçage du puits
San-Juan, du quatrième au cinquième niveau. — Fonçage du puits Santa-Inès du quatrième au
cinquième niveau.

Pose sur le puits Santa-Inès d'une machine à vapeur d'extraction.

Exécution de 70 mètres courant de galeries d'allongement au quatrième niveau. — Exécution de 70 mètres courant de galeries d'allongement au cinquième niveau. — Exécution de 70 mètres courant de galeries d'allongement dans le filon au sixième niveau. — Exécution de 50 mètres courant de galeries d'allongement au septième niveau de Santa-Barbara (à la profondeur de 180 m au-dessous de la surface du sol).

Le devis s'élève à fr. 111,425.

RÉSUMÉ.

Ainsi donc, le devis général des travaux préparatoires à exécuter à la mine del Cobre, durant l'espace de trois ans, s'éleverait à la somme de 341,915 fr., qui se trouverait répartie comme suit :

Année 1852.... 66,505 fr. — Année 1853.... 102,550 fr. — Année 1854.... 172,860 fr.

CHANTIERS D'EXPLOITATION.

A une distance convenable des divers puits et dès que les circonstances le permettront, d'ailleurs aussi bien à la mine de la Cruz qu'à la mine del Cobre, on installera des chantiers d'exploitation dans chacune des galeries d'allongement poussées au filon à chaque niveau. Ces chantiers d'exploitation seront pris par gradins renversés en montant dans le filon, et les excavations seront remblayées soigneusement et à mesure, en faisant tous les travaux de boisages ou de muraillements à sec qui seront jugés nécessaires à cet effet.

J'ai placé sur le croquis quelques-uns de ces gradins projetés, en les indiquant par des lignes coloriées bleues et rouges. Les chiffres de même couleur indiquent l'avancement des travaux par périodes de six mois; ainsi, les gradins numérotés (3-4) pourraient être mis en activité dès et durant la troisième et la quatrième période de six mois, c'est-à-dire dans le courant de la seconde année, à partir de l'époque du commencement de la reprise des travaux, et ainsi de suite pour tous les autres.

Mois par mois, il sera tenu procès-verbal détaillé de tous ces travaux sur un registre ad hoc, et les avancements seront rapportés géométriquement sur les minutes du plan, constamment tenues à jour. Le nombre et la disposition des chantiers d'exploitation ne peuvent pas être déterminées aujourd'hui d'avance d'une manière exacte; il en est de même de la quantité de minerais que produira chaque chantier et qui pourra varier dans des limites très étendues, suivant la puissance, la richesse du filon, et d'autres conditions encore.

USINE DE LA CRUZ. — RÉPARATIONS ET CONSTRUCTIONS.

Aussitôt que les travaux entrepris dans les mines vous auront fourni une quantité convenable de minerais de plomb et de cuivre, et que l'état de ces travaux vous aura démontré la certitude pour l'avenir d'un approvisionnement régulier et important, il deviendra urgent de faire à l'intérieur de l'usine de la Cruz plusieurs réparations et quelques constructions nouvelles. On peut prévoir que ces réparations et ces constructions auront lieu d'être exécutées dans le courant de l'année 1854 au plus tard, et peut-être même déjà dans le courant de l'année 1853. En voici au surplus l'indication sommaire

Remplacement du cylindre soufflant en bois par un cylindre soufflant en fonte, placé directement au-dessus de la machine à vapeur.

Etablissement d'un réservoir d'air et réparations à la conduite de vent.

Construction d'un second fourneau à réverbère pour le traitement du minerai de plomb.

Réparation et agrandissement de la halle du grand fourneau d'affinage du cuivre.

Agrandissement et achèvement de la halle des fourneaux à manche.

Construction d'un hangard pour abriter les feux de grillage des minerais et des mattes de cuivre.

ATELIER DE PRÉPARATION MÉCANIQUE.

Vous aurez aussi à vous occuper sérieusement de la question relative à la préparation mécanique des minerais; c'est, selon moi, un point important et que je signale d'avance à votre attention. Il faudra adopter un système de travail et construire un atelier spécial à cet effet.

Le devis détaillé de toutes ces réparations et constructions relatives à l'usine métallurgique et à l'atelier de préparation mécanique, s'élève à la somme de 45,000 fr.

MESURES D'INTÉRÊT GÉNÉRAL.

Parmi les mesures d'intérêt général que vous devez prendre pour assurer la bonne exécution et, autant que possible, la réussite de vos travaux et de toutes vos opérations, il en est une des plus importantes. — Vous avez actuellement à la Cruz un mécanicien et deux contremaîtres. Ce personnel ne sera pas suffisant à l'avenir.

La direction technique de vos travaux métallurgiques à l'usine et de vos travaux d'art dans les mines, réclamera la présence sur les lieux d'un métallurgiste consommé et celle d'un mineur habile, que vous devrez faire venir de France, d'Allemagne ou d'Angleterre ; peut-être pourrez-vous trouver ces deux qualités réunies exceptionnellement chez le même homme.

En outre, un employé spécial connaissant la langue et les mœurs du pays, sera chargé de la tenue de la comptabilité et de la direction de toute la partie commerciale de votre affaire.

Il ne m'appartient pas de m'étendre beaucoup sur ce chapitre dont la matière se trouve tout-à-fait en dehors de ma spécialité ; cependant, je crois pouvoir et devoir encore vous conseiller de ne rien commencer et de ne rien entreprendre avant de vous être consultés, et d'avoir acquis la certitude que vous possédez les ressources et les moyens nécessaires pour mener votre entreprise à bonne fin. — Dans les mines, et même ailleurs, l'argent dépensé pour faire les choses à moitié est presque toujours perdu.

§ III.

Résultats à espérer et confiance à avoir dans l'avenir de l'entreprise.

L'expérience du travail des mines métalliques de tous les pays, a démontré qu'il est impossible au mineur de fixer d'avance avec exactitude la richesse et la valeur d'un filon en minerai ou en métal pour les parties vierges de ce filon, dans lesquelles il n'a pas pénétré et n'a pas encore établi de chantier. Sous ce rapport, il lui est permis tout au plus de tirer des inductions, soit de l'allure générale du filon dans ses parties reconnues, soit de sa richesse passée dans les niveaux supérieurs déjà exploités, soit enfin des analogies présentées par les exploitations voisines en activité sur son cours. Mais, ordinairement, il en est réduit à se livrer à de pures hypothèses et à supposer des chiffres qui ne lui sont dictes que par l'ardeur de son imagination ou par la justesse de son instinct. Et cependant, nous voyons que cette considération et que cette partie si indéterminée de la question, quoique si importante, n'a arrêté nulle part l'affluence des capitaux destinés à la poursuite et aux progrès des exploitations ; si ce n'est toutefois dans quelques contrées où l'art des mines métalliques s'est perdu depuis peu jusqu'à sa tradition, par suite de son entier abandon à une industrie avide, impuissante, incapable, ignorante, et bien souvent malhonnête.

Le mineur, disons-nous, se place tout-à-fait en dehors de l'esprit des spéculations du commerce ordinaire, et il commence à foncer ses puits et à pousser ses galeries sans s'inquiéter beaucoup de ce que son bilan et son bénéfice ne se trouvent pas immuablement fixés d'avance. Il lui suffit d'avoir reconnu que le filon sur lequel il travaille se trouve placé dans de bonnes conditions de gisement et d'exploitation, et qu'il pourra fournir à la fonderie des minerais susceptibles d'un traitement avantageux.

Or, ceci est précisément le cas des filons métalliques du district de Linarès en général, et en particulier de vos deux filons de la Cruz et del Cobre. Je ne connais pas de mines métalliques sur lesquelles il soit possible de fonder plus d'espérances, ni qui méritent d'avantage d'être travaillées et exploitées avec soin. — Tous les renseignements contenus dans le premier paragraphe de cet écrit peuvent, au reste, vous éclairer là-dessus, vous permettre de juger maintenant par vous-mêmes, et vous faire, j'espère, partager mon opinion. Si vous désirez la fin, vous voudrez probablement aussi les moyens, et alors, je pense que vous ferez bien de suivre les indications, les avis et les conseils contenus dans mon second paragraphe. Je suis persuadé qu'en agissant de cette manière, surtout pour établir un système convenable de travaux préparatoires et pour pouvoir placer des chantiers d'exploitation dans les filons, simultanément sur plusieurs points et à plusieurs niveaux, vous pourrez arriver en peu de temps à une grande et belle exploitation qui vous permettra d'amortir vos capitaux, et vous créera en outre une source durable de larges bénéfices.

Vous avez sous vos yeux l'exemple encourageant de la compagnie anglaise du Pozo-Ancho qui vient d'arriver à des résultats brillants, en mettant convenablement en exploitation un champ relativement très restreint de la région méridionale du filon de la Cruz.

Et, comme exemple de calcul non moins encourageant, je terminerai en mettant sous vos yeux le tableau suivant (page 24), qui, pour une série de quelques chiffres d'une extraction journalière, donnée en minerais de plomb et en minerais de cuivre, présente en regard les productions journalières et annuelles correspondantes en métaux avec les chiffres des bénéfices à réaliser, sauf déduction des frais généraux.

Pour fixer vos idées autant que possible, je vous dirai encore que moyennant l'ensemble de travaux préparatoires que je vous ai proposé, les chiffres de la seconde moitié de cette série me paraissent présenter les plus grandes probabilités de réalisation.

Je ne prétends nullement vouloir affirmer avec certitude, ni garantir tel chiffre plutôt que tel autre; la chose est impossible et ce serait folie. Je ne prétends pas non plus vouloir absolument renfermer les résultats probables de votre exploitation entre des limites déterminées, qui seront peut-être aisément dépassées. Je laisse le champ libre à vos appréciations, et d'après tout ce qui précède, vous devez être maintenant en état d'en faire vous-mêmes de raisonnables et de vraisemblables. Vous placer dans cette position, c'était là au moins le but de tout mon travail, et je m'estimerais heureux de l'avoir atteint.

Signé : **H. PACHE.**

Ingénieur civil des Mines, ancien Élève de l'École des Mines de Paris.

Paris, 5 février 1852.

Paris. — Imp. Boisseau et comp, pass. du Caire, 123-124.

	EXTRACTION JOURNALIÈRE. EN		PRODUCTION JOURNALIÈRE EN			PRODUCTION ANNUELLE DE 300 JOURS DE TRAVAIL, EN			BÉNÉFICE ANNUEL A RÉALISER (sauf déduction des frais généraux), SUR LE			BÉNÉFICE ANNUEL (idem) TOTAL.
	MINERAIS DE PLOMB.	MINERAIS DE CUIVRE.	PLOMB N° 1.	PLOMB N° 2.	CUIVRE ROUGE.	PLOMB N 1.	PLOMB N° 2.	CUIVRE ROUGE.	PLOMB N° 1.	PLOMB N° 2.	CUIVRE ROUGE.	
	Kilogrammes.	Kilogrammes.	Kilogrammes.	Kilogrammes.	Kilogrammes.	Tonnes mètr.	Tonnes mètr.	Tonnes mètr.	Francs. Cent.	Francs Cent.	Francs Cent.	Francs. cent.
1	1,380	440	632 5	131 5	50 »	189 8	39 5	15 »	22,235 07	5,898 81	16,855 85	44,987 73
2	2,759	880	1265 »	263 »	100 »	379 5	78 9	30 »	44,458 42	11,784 51	33,707 70	89,950 63
3	4,139	1,320	1897 5	394 5	150 »	569 3	118 4	45 »	66,693 49	17,684 22	50,561 55	134,939 26
4	5,519	1,760	2530 »	526 »	200 »	759 »	157 8	60 »	88,916 85	23,469 00	67,416 30	189,802 15
5	6,899	2,200	3162 5	657 5	250 »	948 8	197 3	75 »	111,551 92	29,469 62	84,269 25	225,290 79
6	8,279	2,640	3795 »	789 »	300 »	1138 5	236 7	90 »	133,375 27	35,353 54	101,123 10	269,751 88
7	9,659	3,080	4427 5	920 5	350 »	1328 3	276 2	105 »	155,610 34	41,253 23	117,976 95	314,840 52
8	11,039	3,520	5060 »	1052 »	400 »	1518 »	315 6	120 »	177,833 70	47,138 01	134,830 80	359,802 80
9	12,419	3,960	5692 5	1183 5	450 »	1707 8	355 1	135 »	200,068 77	53,037 73	151,684 65	404,791 15
10	13,800	4,400	6325 »	1315 »	500 »	1897 5	394 5	150 »	222,292 13	58,923 42	168,538 50	449,754 05
11	»	»	»	»	»	»	»	»	»	»	»	»
12	»	»	»	»	»	»	»	»	»	»	»	»

Sᵗ Francisco
travaux inconnus
Écoulem...
le
1
2
3
3
3
4
3ᵃ 1°
Los Dos.
Le Fil
Lith. Barthe, r. Provence 16 bis
Vu pour Copie réduite, conforme à mon original.

www.ingramcontent.com/pod-product-compliance
Lightning Source LLC
LaVergne TN
LVHW021806060726
842528LV00003B/1180